VENTE

après décès de

Mme A. DE NEUVILLE

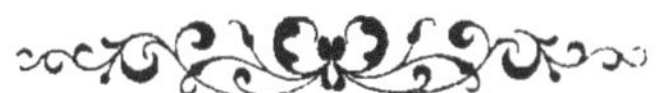

PARIS 1901

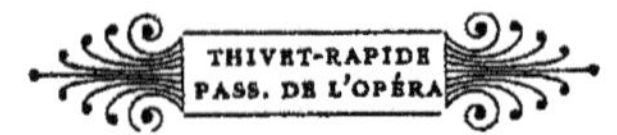

THIVET-RAPIDE
PASS. DE L'OPÉRA

CATALOGUE

DES

TABLEAUX
Aquarelles, Dessins

PAR

A. de NEUVILLE

TABLEAUX, AQUARELLES, DESSINS
PAR DIVERS ARTISTES

Bijoux, Argenterie, Éventails, Dentelles

LIVRES

PORCELAINES, FAIENCES

Pendules et Bronzes. — Étoffes. — Objets variés

MEUBLES & SIÈGES, Anciens et Modernes

Tapis, Rideaux, Tentures

DONT LA VENTE AURA LIEU

par suite du décès de Mme **A. de NEUVILLE**

HOTEL DROUOT, SALLE N° 1

Les Jeudi 13, Vendredi 14 et Samedi 15 Juin 1901

à 2 heures

COMMISSAIRES-PRISEURS

M° P. CHEVALLIER	M° R. HÉMARD
10, rue de la Grange-Batelière	46, rue Lafayette

EXPERT

M. Georges **PETIT**, 12, rue Godot-de-Mauroi.

EXPOSITION PUBLIQUE

Le Mercredi 12 Juin de 1 heure 1/2 à 5 heures 1/2

CONDITIONS DE LA VENTE

Elle sera faite au comptant.

Les acquéreurs paieront dix pour cent en sus des prix d'adjudication.

DÉSIGNATION

Tableaux

PAR

A. de NEUVILLE

1 — *Surprise au petit jour.*

Signé à gauche en bas et daté **1877.**

Tóile haut. 57 cent.; larg. **75 cent.**

2 — *Le Grenier de Champigny.*

Exposition centennale de **1889.**
Signé à gauche en bas.

Panneau haut. 24 cent.; larg. **31 cent.**

3 — *Général en observation.*

Signé à droite en bas 1876.

Toile haut. 21 cent.; larg. **31 cent.**

4 — *Le parlementaire.*

Cachet de la vente à gauche en bas.

Panneau haut. 21 cent.; larg. **31 cent.**

5 — *Trompette de dragons.*

Signé à gauche en bas 1882.

Toile haut. 45 cent.; larg. 38 cent.

6 — *Vedette de dragons.*

Signé à droite en bas, 1879.

Toile haut. 50 cent.; larg. 39 cent.

7 — *Clairon de chasseurs à pied.*

Signé à gauche en bas, 1876.

Panneau haut. 23 cent.; larg. 13 cent.

8 — *La courte échelle.*

Cachet de la vente à droite en bas.

Panneau haut. 23 cent.; larg. 14 cent.

9 — Intérieur pour *les Dernières Cartouches.*

Daté à droite, Bapeaume, Avril 1874.

Panneau haut. 14 cent.; larg. 23 cent.

10 — Étude pour le tableau *Le Bourget.*

Daté à droite, au Bourget, 1878.

Panneau haut. 14 cent.; larg. 23 cent.

11 — *Le pont de Moret.*

Signé à gauche en bas et daté.
Souvenir de Moret, Août 1879.

Panneau haut. 19 cent ; larg 28 cent.

12 — *Remparts de Saint-Omer*.

Cachet de la vente à gauche et daté
St-Omer, 75.

Panneau haut. 14 cent.; larg. 23 cent.

13 — *Entrée du village de Samois*.

Cachet de la vente à droite en bas et daté.
Souvenir de Samois, 1880.

Panneau haut. 14 cent.; larg. 23 cent.

14 — *Pont de Valvins*.

Panneau haut. 14 cent.; larg. 17 cent.

15 — *Entrée de Belfort, neige*.

Daté à droite en bas, Belfort, 1879.

Haut. 14 cent.; larg. 23 cent.

16 — Nature morte, *Poissons*.

Signé à droite sur la table, A. de N.

Toile haut. 65 cent.; larg. 92 cent.

17 — *Jip, chien griffon*.

Toile haut. 65 cent.; larg. 49 cent.

18 — *Miss, tête de chien*.

Panneau haut. 36 cent.; larg. 29 cent.

19 — *Route de Valvins*.

Cachet de la vente à gauche en bas.

Panneau haut. 24 cent.; larg. 33 cent.

20 — *Un escalier.*

Cachet de la vente à droite en bas.

Panneau haut. 23 cent.; larg. 14 cent.

21 — Étude de jambes de chasseurs à pied.

Signé à droite en bas A. de N. et daté,
Néris-les-Bains, Août 74.

Panneau haut. 14 cent.; larg. 23 cent.

22 — *Intérieur de ferme à Valvins.*

Cachet de la vente à gauche en bas.

Panneau haut. 18 cent.; larg. 27 cent.

23 — *Femme cousant dans un verger à Yport.*

Signé à droite en bas et daté, Yport,
Juillet 1873.

Toile haut. 35 cent.; larg. 51 cent.

24 — *Fermes à Valvins.*

Daté à gauche, Valvins 79.

Panneau haut. 14 cent.; larg. 23 cent.

25 — *Le maire d'Etretat.*

Signé à gauche en bas.

Panneau haut. 27 cent.; larg. 19 cent.

26 — *Femmes assises sous bois.*

> Panneau haut. 28 cent.; larg. 24 cent.

27 — *Une mare à Styring.*

> Cachet de la vente à droite en bas et daté
> à gauche, Styring, Septembre 1875.
>
> Panneau haut. 14 cent.; larg. 23 cent.

28 — *Plage d'Yport.*

> Signé à gauche en bas et daté, Souvenir
> d'Yport, 1872.
>
> Panneau haut. 23 cent.; larg. 28 cent.

29 — *Tête d'homme coiffée d'un casque.*

> Signé à gauche A. de N.
>
> Panneau haut. 27 cent.; larg. 18 cent

30 — *Femme assise sous bois.*

> Panneau haut. 10 cent.; larg. 17 cent.

31 — *Cheval bai, vu de dos.*

> Cachet de la vente à droite en bas.
>
> Panneau haut. 23 cent.; larg. 14 cent.

32 — *Yport la nuit.*

> Cachet de la vente à gauche en bas, daté
> à droite en bas, Yport, 1872.
>
> Panneau haut. 11 cent.; larg. 17 cent.

1.

Aquarelles et Dessins

PAR

A. DE NEUVILLE

~~~~~~~~~~

33 — *Trompette de dragons.*

> Aquarelle.
> Cachet de la vente à droite en bas.

34 — *Clairon de chasseurs à pied.*

> Aquarelle.
> Signée à droite en bas et datée, 1884.

35 — *Corbeille de fleurs.*

> Cachet de la vente en bas.
> Aquarelle.

36 — *Carquois et flèches.*

> Aquarelle.
> Cachet de la vente en bas.

37 — *Blacwatch, 42ᵉ higlander.*

> Dessin au crayon.
> Signé à droite en haut et daté 83.
~~~~~~~~~~

38 — *En sentinelle.*

> Exposition centennale de 1889.
> Dessin à la plume.
> Signé à gauche en bas et daté 1878.

39 — *Zouave assis,*

> Dessin au crayon.
> Cachet de la vente à gauche en bas.

40 — *Cavaliers au repos.*

> Dessin à la plume.
> Cachet de la vente à gauche et daté,
> Paris, Déc. 78.

41 — *Officiers prussiens.*

> Dessin à la plume.
> Cachet de la vente à droite en bas.

42 — Étude de têtes.

> Dessin à la plume.
> Signé à droite en bas A. de N. et daté
> 27 Nov. 83.

43 — *Zouave dormant.*

> Dessin au crayon.
> Cachet de la vente à droite en bas.

44 — *Soldat prussien fumant la pipe.*

Dessin à l'encre.
Cachet à droite en bas.

45 — *Un porteur de dépêches.*

Dessin à la plume.
Cachet de la vente à droite en bas.

46 — *Projet pour un plafond.*

Dessin à la plume et au crayon.
Cachet de la vente en bas.

47 — *Un invalide.*

Dessin à la plume.
Signé à droite en bas et daté, Mars 1885.

48 — *Soldat prussien en sentinelle.*

Dessin à la plume, rehaussé d'encre de
Chine.
Signé à droite en bas et daté, Avril 1885.

49 — *Parlementaire Français.*

Dessin à la plume, rehaussé d'encre de
Chine.
Signé à droite en bas et daté, Avril 1885.

50 — *Dragon du second Empire.*

Dessin à la plume.
Signé à gauche en bas et daté **1885.**

51 — *Hussard du second Empire.*

Signé à droite en bas et daté **1885.**

52 — *Un parlementaire prussien devant Belfort.*

Fusain.
Signé à gauche et daté Déc. **84.**

53 — *En reconnaissance.*

Dessin à la plume.
Cachet de la vente à droite **en bas.**

54 — *Le parlementaire.*

Etude sur papier calque, **pour le tableau**
Le Parlementaire.
Cachet de la vente à gauche.

55 — *Proclamation à l'armée.*

Dessin au crayon.
Signé à droite en bas.

56 — *Révolte de Pontscorf.*

Dessin à la mine de plomb.
Signé à droite en bas et daté, **27 Janvier**
1853.

57 — *Soldat endormi.*

>Cachet de la vente à droite.

58 — *Montbéliard.*

>Dessin au crayon.

>Cachet de la vente à droite en bas, daté 16 Nov. 74.

59 — Dessin au crayon (Histoire de France).

>Cachet de la vente à droite en bas.

60 — Dessin au crayon (Histoire de France).

>Cachet de la vente à gauche en bas.

61 — *Un reître.*

>Dessin au crayon.
>Cachet de la vente à gauche en bas.

62 — Étude de personnage et têtes.

>Dessin au crayon.
>Cachet de la vente à gauche en bas.

63 — *Bords de la Seine près Paris.*

>Dessin à la mine de plomb.
>Cachet de la vente à gauche en bas.

64 — *Paysan breton.*

>Dessin à la mine de plomb.
>Cachet de la vente à droite en bas.

65 — *Tête de sorcière.*

> Dessin à l'encre de Chine.
> Cachet de la vente à gauche en bas.

66 — *Le fond de la giberne.*

> Esquisse à la plume **pour le panorama de**
> Champigny.
> Signé à gauche.

67 — *Dragon.*

> Dessin à la plume.
> Cachet de la vente à gauche en bas.

68 — *Campement dans la guérite.*

> Dessin à l'encre de Chine.
> Cachet de la vente à gauche en bas.

69 — Trois croquis dans un même cadre,
> *Troupiers.*

> Cachet de la vente.

70 — Dans un même cadre :

> *a* et *b* — Première idée pour le tableau
> *Le Bourget.*

> *c* — Première idée pour le tableau *Les
> Dernières Cartouches.*

> Dessins à la plume.

71 — Trois dessins de statue dans le même
cadre.

72 — Un lot de dessins montés sur bristol.

73 — Un lot de dessins et croquis pour
l'Histoire de France de Guizot.

74 — Un lot de calques montés.

75 — Un lot de dessins non montés.

76 — Un lot d'albums, contenant des dessins et croquis par Alphonse de
Neuville.

77 — *Vue de fortifications.*
Dessin sur bois.

78 — *Officier supérieur.*
Dessin sur bois.

Tableaux, Aquarelles, Dessins

PAR DIVERS ARTISTES

BOURGOIN

79 — *De Neuville dans son atelier.*

Signé à droite en haut.
Aquarelle.

80 — *Tête d'enfant.*

Signé à droite en bas.
Aquarelle.

81 — *Paysannes sous bois.*

Signé à gauche en bas.
Aquarelle.

82 — *Paysage.*

Signé à droite en bas.
Aquarelle.

DETAILLE

83 — *Soldats bavarois.*

Signé à droite en bas, 1876.

Toile haut. 19 cent.; larg. 12 cent.

84 — *Sur la plage.*

Signé à droite en bas.
Aquarelle.

DEULLY

85 — *Une martyre.*

Signé à gauche en haut, 1891.

Toile haut. 48 cent.; larg. 71 cent.

G. DORÉ

86 — *La sorcière.*

Signé à droite.
Dessin sur bois.

ÉCOLE FRANÇAISE

87 — Deux cadres contenant huit dessins.

GARNERAY

88 — *La tempête.*

Signé à droite en bas.

Toile haut. 90 cent.; larg. 118 cent.

GUDIN

89 — *L'incendie.*

Toile haut. 35 cent.; larg. 56 cent.

INCONNU

90 — *Tête de Christ.*

Toile haut. 42 cent.; larg. 33 cent.

91 — *Vierge.*

Broderie.
Cadre bois sculpté.

LE BLANT

92 — *Le duel.*

Aquarelle.
Signée à droite en bas.

MATHEY

93 — *Le village.*

Signé à droite en bas.

Panneau haut. 18 cent.; larg. 27 cent.

PILLE Henri

94 — *Les autorités du village.*

> Signé à gauche en bas.
> Aquarelle.

E. SIEFFERT

95 — *Scène d'enfants.*

> Signé à droite en bas.
> Peinture sur porcelaine.

96 — *Portrait d'enfant.*

> Signé à droite en bas.
> Aquarelle.

---

97 — Un lot d'aquarelles et dessins divers.

98 — Photogravures d'après de Neuville, épreuves de remarque, épreuves sur chine et signées de l'artiste, épreuves avec lettre.

99 — Chromolithographies d'après de Neuville.

100 — **Un** lot de gravures et photographies encadrées.

101 — **Un** lot de gravures et photogravures par divers.

102 — **Un** lot de photographies.

103 — *L'Armée française*, illustrée par Detaille.

104 — *A coups de fusil*, illustré par de Neuville.

OBJETS D'ART - MEUBLES

Bijoux

105 — Montre en forme de cœur en or émaillé bleu, avec chaîne torsade en or.

106 — Petit étui à fard en or ciselé.

107 — Broche ornée d'une miniature, jeune fille en buste.

108 — Broche en forme de branche de feuillage en diamants.

109 — Petite montre de Lepine en or émaillé, avec châtelaine ornée de médaillons en émail.

110 — Carnet de bal en ivoire, monture en or.

111 — Pendant de cou formé d'une agrafe et d'un médaillon, ornés de brillants.

112 — Broche en or et brillants.

113 — Broche et deux pendants d'oreilles or, turquoises et brillants.

114 — Bague or, rubis entouré de brillants.

115 — Deux petits étuis en or.

116 — Petite boîte ovale en **vermeil ornée** d'un émail.

117 — Bracelet gourmette or, avec fer à cheval orné de brillants et turquoises.

118 — Trois bracelets variés, or et pierres.

119 — Petite montre en forme de boule, en or émaillé.

120 — Petite montre or émaillé, **avec châte**laine en argent cisclé.

121 — Bague marquise en or, **avec rubis** entouré de petits brillants.

122 — Bague en or à chaton orné d'une grisaille, amour.

123 — Petite montre en or ciselé.

124 — Petite montre pavée de demi perles, avec crochet en or, perles et pierres.

125 — Broche en forme libellule, or, saphirs et petits brillants.

126 — Bague or, ornée d'un brillant solitaire.

127 — Bague or et turquoise.

128 — Bague-cachet en or, avec chiffre A. N.

129 — Broche et deux pendants d'oreilles en or, saphir, perles et petits brillants.

Objets variés

130 — Deux brosses à dessus d'argent gravé.

131 — Deux boîtes et deux bonbonnières en argent.

132 à 135 — Dix éventails variés.

136 à 140 — Lot de dentelles anciennes et modernes.

141 à 145 — Fort lot d'argenterie de table : couverts, couteaux, petites cuillers, salières, cafetières, etc.

146 — Environ cent volumes reliés et brochés histoire, littérature, beaux-arts, etc.

147 — Environ cent pièces, plats, vases, potiches, porte-bouquets, figurines, coupes en porcelaines et faïences diverses.

148 — Deux vases émail cloisonné.

149 — Deux lampes émail cloisonné.

150 — Miroir à cadre de cuivre orné de fleurettes de porcelaine.

151 — Deux appliques en cuivre avec fleurettes de porcelaine.

152-153 — Lustre et deux appliques à quatre lumières, en bronze, ornés de fleurettes et figurines en porcelaine de Saxe.

154 — Pendule et deux candélabres en bronze, ornés de figurines et de fleurettes en porcelaine.

155 — Christ en bronze doré, dans un cadre en bois sculpté.

156 — Statuette en buis *La Vierge tenant l'Enfant Jésus*.

157 — Deux plats en étain gravé.

158 — Deux plats cuivre repoussé.

159 — Plat rond en émail cloisonné.

160 — Paon en cuivre gravé et repercé.

161 — Soufflet en bois sculpté, figurines et tête d'ange; xvıᵉ siècle.

162 — Fort lot d'étoffes anciennes et modernes.

Meubles et Sièges

163 — Ameublement en bois laqué blanc et bleu, style Louis XV, composé d'un lit, une table de nuit, une armoire à glace à deux portes, une glace, un bureau à abattant surmonté d'une vitrine, un bureau plus petit, un chiffonnier, une table de salon, un canapé, deux fauteuils et six chaises, un écran. (Sera divisé.)

164 — Grand fauteuil bois sculpté couvert en tapisserie au point.

165 — Pannetière en bois sculpté Louis XV.

166 — Fauteuil Régence en bois sculpté couvert en tapisserie au point.

167 — Deux fauteuils bois tourné, garnis de cuir gaufré.

168 — **Meuble** crédence en bois sculpté Renaissance, ouvrant à deux portes et deux tiroirs.

169 — Buffet à une porte et deux tiroirs en chêne sculpté Louis XV.

170 — Coffre en bois incrusté de nacre, travail oriental.

171 — Deux escabeaux bois sculpté.

172 — Six chaises bois peint **blanc** couvertes en cretonne.

173 — Horloge à gaine en bois sculpté.

174 — Commode de forme bombée en marqueterie de bois de rose, ornée de bronzes.

175 — Grand buffet à deux corps en bois laqué vert et rehaussé de dorure.

176 — Pendule et sa console applique décorée au vernis Martin, fleurs sur fond vert, et ornée de bronzes.

177 — Sept chaises en bois sculpté à **haut** dossier, cannées.

178 — Deux fauteuils Régence bois sculpté, cannés.

179 — Petit chiffonnier Louis XVI, bois peint blanc.

180 — Fauteuil de forme droite en marqueterie de bois avec siège en cuir.

181 — Bureau hollandais en marqueterie de bois à fleurs.

182 — Table de salon en bois sculpté, à dessus canné.

183 — Cabinet italien en bois noir décoré de peintures.

184 — Chaise-longue couverte en damas rouge et peluche brodée.

185 — Armoire normande en acajou.

553. — PARIS. — IMP. THIVET, 14, PASSAGE DE L'OPERA.